Randy Witte

Hackerkultur - ein Überblick

GRIN Verlag

Bibliografische Information der Deutschen Nationalbibliothek:

Die Deutsche Bibliothek verzeichnet diese Publikation in der Deutschen National-
bibliografie; detaillierte bibliografische Daten sind im Internet über http://dnb.d-
nb.de/ abrufbar.

Dieses Werk sowie alle darin enthaltenen einzelnen Beiträge und Abbildungen
sind urheberrechtlich geschützt. Jede Verwertung, die nicht ausdrücklich vom
Urheberrechtsschutz zugelassen ist, bedarf der vorherigen Zustimmung des Verla-
ges. Das gilt insbesondere für Vervielfältigungen, Bearbeitungen, Übersetzungen,
Mikroverfilmungen, Auswertungen durch Datenbanken und für die Einspeicherung
und Verarbeitung in elektronische Systeme. Alle Rechte, auch die des auszugsweisen
Nachdrucks, der fotomechanischen Wiedergabe (einschließlich Mikrokopie) sowie
der Auswertung durch Datenbanken oder ähnliche Einrichtungen, vorbehalten.

Impressum:

Copyright © 2012 GRIN Verlag, Open Publishing GmbH
Druck und Bindung: Books on Demand GmbH, Norderstedt Germany
ISBN: 978-3-656-22618-5

Dieses Buch bei GRIN:

http://www.grin.com/de/e-book/194498/hackerkultur-ein-ueberblick

GRIN - Your knowledge has value

Der GRIN Verlag publiziert seit 1998 wissenschaftliche Arbeiten von Studenten, Hochschullehrern und anderen Akademikern als eBook und gedrucktes Buch. Die Verlagswebsite www.grin.com ist die ideale Plattform zur Veröffentlichung von Hausarbeiten, Abschlussarbeiten, wissenschaftlichen Aufsätzen, Dissertationen und Fachbüchern.

Besuchen Sie uns im Internet:

http://www.grin.com/

http://www.facebook.com/grincom

http://www.twitter.com/grin_com

HUMBOLDT-UNIVERSITÄT ZU BERLIN
INSTITUT FÜR INFORMATIK
INFORMATIK IN BILDUNG UND GESELLSCHAFT

Hackerkultur

Hausarbeit zum Seminar Hackerethik

Randy Witte
Studiengang: Bachelor Informatik

12.04.2012

Inhaltsverzeichnis:

1. Einleitung

Die vorliegende Hausarbeit zum Thema Hacker beschäftigt sich mit Hackerkulturen in verschiedenen Zeitepochen. Sie ist begleitend zum Seminar Hackerethik, in welchem verschiedene Fragen zum Weltbild, der Definition und den Zielen von Hackern diskutiert wurden.

In dieser Arbeit verweise ich auf offizielle Definitionen und Sachlektüre, aber auch Romane, Zeitschriften, Filme und Blogs. Es gibt zahlreiche Quellen, die sich dem Thema Hacker, deren Methoden und Umfeld angenommen haben. Eine Vielzahl spiegelt aber nicht mehr aktuelle Sichtweisen wieder. Ich habe mich hier auf wenige Bücher über die Szene und aus der Szene beschränkt und verknüpfe diese mit heutigen Quellen und Präsentationen aus dem Internet.

Hierbei werfe ich vor allem die Frage auf, ob das, was in den Anfängen als Hackerkultur verstanden wurde, heute noch diese Definition trifft.

Doch was ist eigentlich Kultur?

Das Wort Kultur kommt aus dem lateinischen colere, was so viel wie bebauen, pflegen oder verehren bedeutet. Daraus lässt sich bereits ein Erschaffungsbegriff ableiten, so dass man Kultur nicht als selbstverständlich hinnehmen kann. Bezogen auf den Menschen wird dieser also als Gestalter der Kultur gesehen, im Gegensatz zur Natur, die nicht von ihm geschaffen wurde.[1]

Die Bereiche, in denen der Mensch gestalten kann, reichen von materiellen Dingen wie Technik, Umwelt oder Kunst bis zu immateriellen Werten wie Recht, Moral oder Religion. All diese Dinge werden nicht nur „erbaut", sondern bedürfen auch der Pflege und werden in einer unterschiedlichen Art und Weise verehrt, was wieder zu der Übersetzung des Wortes colere führt.

Die Art und Weise wie mit Kultur umgegangen wird differenziert sich in allen Lebensbereichen und zu verschiedenen Zeiten. Kultur ist kein Singularetantum, man kann auch von den Kulturen sprechen, um verschiedene Ausbreitungen gleicher Bereiche auszudrücken.

Die Kultur ist also alles was der Mensch von sich aus erschafft und verändert, wohingegen Natur alles das bezeichnet, das von selbst ist wie es ist. Die Grenze ist allerdings nicht immer so klar, denn Natur selbst wird durch Kulturtechniken wie Kunst oder Wissenschaft beschrieben, also hat ja irgendwie alles mit Kultur zu tun, direkt oder indirekt. Der Stand der Technik verkleinert zudem die Grenzwerte zwischen Natur und Kultur immer weiter. In gewissen Teilen bezeichnet Kultur aber auch eine Richtung, sei es die Weisung ethnischer Maßstäbe oder Gewaltfreiheit.

Im Falle der Hackerkultur soll hier dargelegt werden, ob diese eine Richtung vorgibt, ob Sie erschaffend ist oder ob sie sogar Ziel von Verehrung ist. Den Begriff der Pflege kann man an verschiedenen Hackertreffen, öffentlichen Auftritten und Publikationen festmachen. Hier formen Gleichgesinnte ihr Ethos der Hackerkultur. Dadurch wird die „Einheit einer bestimmten sozialen Gemeinschaft konstituiert, stabilisiert sowie von anderen Gemeinschaften abgegrenzt".[2]

Der Grundtenor von Kultur ist also, dass etwas aus seiner natürlichen Bestimmung durch Veränderung herausgeholt, um es entgegen seiner Natur zu verwenden. So kann auch die

---

[1] http://de.wikipedia.org/wiki/Kultur aufgerufen am 12.04.2012
[2] http://de.wikipedia.org/wiki/Ethos aufgerufen am 12.04.2012.

Hackerkultur verstanden werden, dass deren Anhänger den Computer oder andere technische Geräte durch Veränderung entgegen ihrer Bestimmung zu nutzen. Eine literarische Definition beschreibt den Hacker als jemanden, der „etwas gut programmieren konnte oder die Maschine in irgendeiner Weise beherrschte".[3] Das trifft sowohl für die Phreaker mit ihrer Blue Box zu, die das Telefonnetz von AT&T in den 1980er Jahren aushebelten, als auch für die Cracker von Sicherheitssystemen, die sich Zugang auf nicht vorgesehenem Weg suchen. Vor allem kennzeichnet es alle diejenigen, die ein Gerät manipulieren, um es anders als gewollt zu verwenden.

Ich werde in meiner Bachelorarbeit über Hacker im Wandel der Zeit verschiedene Themen dieser Seminararbeit noch einmal detailliert aufgreifen. Es geht mir vor allem darum, das schwammige Bild von Hackern in der Öffentlichkeit gerade zu rücken. Oft werden Hacker und Computernerds vermengt, wobei nicht jeder Computerliebhaber ein Hacker ist und sich auch nicht jeder Hacker zwangsläufig auf Computersysteme beschränkt. Es ist also wichtig, diese nicht vorhandene, aber gerne benutzte Verbindung zu lösen und die Betrachtung auf den Hacker als solchen zu konzentrieren. Natürlich arbeiten Hacker, vor allem in den letzten Jahrzehnten, vorrangig in Informations- und Telekommunikationssystemen. Und im Zuge der Digitalisierung ist der Computer auch das primäre Medium. Dennoch ist der ideologische Grundsatz nicht nur darauf fokussiert, sondern hat vielmehr verschiedene Motivationen und nutzt auch verschiedene Medien.

2. Einführung in verschiedene Hackerkulturen

In diesem Kapitel möchte ich verschiedene Arten von Hackern einführen. Je nach Zielstellung, Auftreten und Wahrnehmung kann man nicht jeden Hacker über einen Kamm scheren. Was sie alle gemeinsam haben, ist der Drang, die Welt wie Sie von Uneingeweihten gesehen wird, zu verändern, sei es durch Manipulation, Veränderung oder öffentlich wirksame Aktionen. Etwas in nicht vorgesehener Weise zu benutzen versteht man allgemein als Hack:

> *A person who delights in having an intimate understanding of the internal workings of a system, computers and computer networks in particular.*[4]

Da gibt es zum Einen den Akademischen Hacker. Anfang der 60er Jahre formte sich am Massachusetts Institute of Technology (MIT) eine Gruppe von Hackern, die sich mit dem vernetzten Arbeiten beschäftigten, lange Zeit bevor so etwas wie das heutige Internet existierte. Solche Gruppierungen gab es bald an mehreren Hochschulen. Der Begriff Hacker war damals noch nicht negativ konnotiert, da es diesen Studenten vorrangig um Neuerschaffung und Verbesserung ging. Dabei ließen sie auch Aspekte der Computersicherheit noch außer Acht. An das Hacken von Sicherheitslücken war vor 50 Jahren noch nicht zu denken. Einer der bekanntesten Vertreter der akademischen Hacker ist Eric Steven Raymond, US-amerikanischer Autor und Verantwortlicher mehrerer Open Source Projekte.

---

[3] Heine, Die Hacker, in Eckert et al. (Hrsg), Auf digitalen Pfaden, Westdeutscher Verlag, 1991, Opladen, S. 153.
[4] Malkin, Internet Users' Glossary, RFC 1983, Network Working Group, 1996, S. 22.

Das führt auch direkt zur nächsten Gruppe von Hackern, der Open-Source Kultur. Sie ging in den 70ern aus den Akademischen Hackern hervor. Sie fordern frei zugängliche Software und Offenlegen von Quellcode. Richard Stallmann, Präsident der Free Software Foundation und Gründer der Open Source Initiative empfand den „Verlust der Kontrolle von Benutzern über ihre eingesetzte Software als Einschränkung ihrer Freiheit"[5] und veröffentlichte die GNU General Public License, eine Freie-Software Lizenz.

Eine andere Gruppe sind die Phreaker. Diese Subkultur gilt als Anfang der kriminellen Manipulation zur persönlichen Bevorteilung. Sie manipulierten Telefonnetze, indem analoge Signaltöne (z. B. 2600 Hz) nachgestellt wurden, um kostenlose Telefongespräche zu führen. In einer Zeit ohne Flatrates gab es eine große Nachfrage, so dass sogenannte Blue Boxes teilweise kommerzialisiert wurden. Der Szenevater der Blue Box John „Captain Crunch" Draper bemängelte oft, dass die Kultur ihn zu einer Symbolfigur machte, was ihn vor allem der Strafverfolgung amerikanischer Behörden aussetzte. Später wurde seine Erfindung sogar von Steve Wozniak (Apple Gründer) in großem Maße ohne sein Wissen verkauft.[6] Das widersprach komplett der Kernidee der Ur-Phreaker, welche die Kenntnisse lediglich in Szenekreisen publizieren wollten.

Die Phreaker hatten ihren Höhepunkt Mitte der 70er Jahre. In der 80ern gingen sie in die DFÜ-Szene (Datenfernübertragung) über und in den 90ern entwickelten sich daraus die Netzwerkhacker.

In der heutigen Zeit, wo Telefon und Internet nicht nur jedem zugänglich sind, sondern auch von der breiten Masse verstanden werden, sind Relikte der Netzwerkhacker häufig in IT-Sicherheitsfirmen wieder zu finden. Aus den Angreifern von damals sind die Wächter von heute geworden. Das ist verständlich, denn dadurch, dass sie viele Lücken kennen sind sie dafür prädestiniert diese auch für ihre Auftraggeber zu schließen. Auch in der Polizeiarbeit, z.B. in der Forensik sind Hacker ohne kriminelle Ambitionen wieder zu finden.

Dann gibt es da auch noch die politischen Hacker. Sie handeln nicht aus krimineller Energie und haben auch nicht das Ziel, etwas nachhaltig zu manipulieren. Sie sind vielmehr an öffentlicher Aufklärung interessiert und weisen, mit manchmal fragwürdigen Methoden, auf Lücken in puncto Sicherheit und Datenschutz hin, bzw. klären die Öffentlichkeit einfach nur über gewisse Umstände auf. Als Verein ist hier z. B. der Chaos Computer Club zu nennen. Auch die Gruppe Anonymous verfolgt dieses Ziel, allerdings mit nicht immer legalen Mitteln und ohne sich erkennen zu geben. Auf jeden Fall sind Aktionen dieser und anderer Gruppen in der Regel medienwirksam und erregen öffentliches Interesse.

---

[5] http://de.wikipedia.org/wiki/Richard_Stallman vom 12.04.2012.
[6] Moschitto/Sen, Hackertales, Tropenverlag, 2000, Stuttgart, S. 38.

3. Nach außen Hacker, nach innen nicht.

Grundsätzlich muss man, um die Hackerkultur zu verstehen, zunächst differenzieren. Es gibt verschiedene Formen des Hackens. Dabei unterscheidet man zum einen nach strategischen Zielen und nach Arten der Hacks. Es wird sich im Laufe des Textes zeigen, dass nicht jeder der sich Hacker nennt, oder als solcher von der Öffentlichkeit gesehen wird, tatsächlich etwas mit dem Hacken zu tun hat. Ich betone hier noch einmal, Hacker im eigentlichen Sinne ist jemand, der etwas „besonders gut programmieren konnte oder die Maschine in irgendeiner Form beherrschte".[7] Im übertragenen Sinne sollte etwas durch Veränderung anderweitig, und nicht vorgesehenen Sinne, nutzbar gemacht werden. Gründe für Hacks können ganz verschieden sein. Bei den sogenannten Hackerpionieren war es größtenteils Neugierde und Entdeckerdrang:

> *Ich habe mal über einen Typen eine Telefonnummer bekommen und habe dann auch versucht, das System zu hacken. Das war nur so eine Idee, da mal reinzuschreiben, ich war da. Es war eigentlich nur reine Neugierde. [...] Es geht eigentlich darum, einige Sachen auszuprobieren [...], mal ein bisschen rumzutesten. ..., das ist wie so ein Adventure: Man versucht, dass man reinkommt, und wenn man reinkommt, dann ist es gut, dann merkt man sich die Nummer und das war es dann.*[8]

Es war für viele einfach der Kick etwas Unerlaubtes zu tun, aber ohne Schaden anzurichten. Ein anderes erklärtes Hackerziel ist die Aufklärung. Gerade in den 80ern ging die Welt noch relativ jungfräulich mit dem Medium Computer und dem Internet um. Da es sehr wenig Erfahrung mit Computerkriminalität gab, wurde auch nicht viel über Schutz nachgedacht. Politisch motivierte Hacker setzten genau dort an und zeigten Lücken auf, und Schäden, die damit erreicht werden konnten. Ihr Anliegen ist, die Leute dazu zu bringen „ihre Systeme besser zu schützen. Wenn jemand reinkommt, müssen sie etwas ändern".[9]

Für andere aber geht es schlichtweg um das Hauptanliegen von Hackern, der Maschine zu zeigen, wer sie erschaffen hat. Und nur wer die Systeme beherrscht, kann sie ihrer Meinung nach auch gestalten. Sicherheitsmechanismen hebeln bestimmte Hacker teilweise aber auch nur aus, um anderen Computerexperten zu zeigen, dass sie schlauer sind.

> *Besonders reizvoll ist es, wenn der Superuser eines anderen Netzes bemerkt, dass jemand eingedrungen ist und seinerseits versucht, den Eindringling zu eliminieren. Es ist für einen Hacker der Höhepunkt, die totale Kontrolle über das andere Netz erreicht zu haben.*[10]

> *Anfangs ist man tagelang frustriert, weil man nicht reinkommt. Aber wenn man es dann geschafft hat, wenn man sich überlegt, dass man schlauer ist oder mehr Glück gehabt hat als derjenige, der versucht hat, das System vor solchen Leuten wie mir zu schützen, dann ist das schon eine phantastische Sache.*[11]

---

[7] Eckert et al., Auf digitalen Pfaden, Westdt. Verl., 1991, Opladen, S. 153.
[8] ebenda, S. 164 ff.
[9] ebenda, S. 171.
[10] ebenda, S. 169.
[11] ebenda, S. 168.

Der Grat zwischen Aufklärung und Kriminalität ist dann aber nicht mehr groß. Wer also z. B. der Öffentlichkeit zeigen kann, dass man ungestraft in eine Bank eindringen kann, kommt möglicherweise leicht in Versuchung auch das Geld zu nehmen. Viele Verbrechen ereignen sich aus Gelegenheiten.[12] Was hier metaphorisch gemeint ist, trifft in etwa den Punkt, der zwischen legalen und illegalen Hackern unterscheidet. Programmierer, die Sicherheitslücken finden, öffentlich publizieren wie man in Systeme eindringen kann und betonen, dass sie erwarten, dass diese Lücken geschlossen werden, um Schaden zu vermindern, werden dennoch in der Öffentlichkeit argwöhnisch betrachtet. Immerhin verstehen Sie etwas, dass andere nicht können. Der Chaos Computer Club (CCC) ist zum Beispiel ein Verein, der auf solche Lücken medienwirksam Aufmerksamkeit erregt hat (z. B. BTX Hack siehe Kap. 8). Damit gehen sie nicht nur auf Sicherheitslücken in Netzwerken und Software ein, sondern weisen auch auf Kontrollmechanismen hin, die einen Missbrauch ermöglichen, wie im Fall der jüngst veröffentlichten Analyse über den „Staatstrojaner".

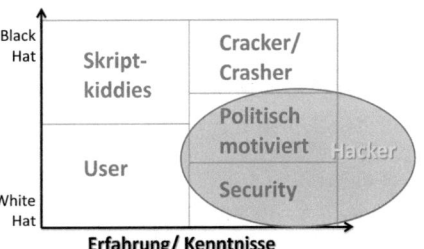

Eigene Darstellung, aus Vortrag Hackerkultur im Zuge des Seminars Hackerethik WS 11/12, HU Berlin

Gefährlicher sind aber diejenigen Hacker, die Lücken finden, diese aber nicht melden. Aber nicht alle Hacker sind an ehrlicher Aufklärung interessiert. Es gibt auch diejenigen, die in die kriminelle Seite rutschen. Manchen geht es dabei nicht einmal um kapitale Erträge, sondern oftmals nur darum, zu sabotieren. Gerade Programmierer von Viren tun dies nicht, um aufzuklären, sondern um bewusst Systeme lahm zu legen.

Die meiner Meinung nach gefährlichste Gruppe sind diejenigen, die sich Hacker nennen, aber eigentlich keine Ahnung haben was sie da tun, sogenannte Scriptkiddies. Mit gefährlichem Halbwissen wissen sie teilweise nicht welchen Schaden sie gerade verursachen. Dann werden auch noch leicht zugängliche Hackertools wie Wireshark, Aircrack, Cain & Abel, Any DVD, Internet Worm Maker Thing, Keylogger und andere zur Verfügung gestellt. Damit lassen sich Passwörter entschlüsseln und illegale Kopien oder Internet Würmer erstellen. User denken, sie wären Hacker, weil sie dieses Tool bedienen können. Aber in Wirklichkeit erkennen sie nicht was tatsächlich passiert. Hier kann man die Paranoia der Open Source Bewegung durchaus verstehen, die schon bei legaler Software die Offenlegung von Informationen fordert.

Diesem Thema werde ich mich in meiner Bachelorarbeit noch einmal genauer widmen. Hier werde ich dann für verschiedene Arten von kriminellen Hackern Begrifflichkeiten trennen, aber auch eine Abhängigkeit herbeiführen, z. B. für Cracker, Raubkopierer, oder Betreiber von Mailbox-System. Tatsächlich ist es teilweise so, dass diejenigen, die einen Kopierschutz ausheben, gar nicht an der Verbreitung von illegalen Kopien beteiligt sind. Und nur in seltenen Fällen haben Personen, die diese Kopien kommerziell verwerten technisches Wissen über die Cracks. Aber auch hier gibt es wieder eine Vermengung in der Öffentlichkeit.

---

[12] Repetto, Crime Prevention Through Environmental Policy repetto in Sieverts et al. (Hrsg), Handwörterbuch der Kriminologie: Bd IV, Verlag Walter de Gruyter, 1979, Berlin, S. 424,
siehe auch: Prof. T. Fröschle, Übersicht über die kriminologischen Verbechenstheorien, Universität Siegen, 2004.

Die akademische Gruppe der Hacker hat bereits früh erkannt, dass nicht alle ihre Ziele vom Entdeckertum teilen und forderten eine Trennung der Begrifflichkeiten. So wird in Hackerkreisen jemand der Systeme schädigen will als Cracker bezeichnet, nach dem Wort Crack (knacken, aufbrechen, einbrechen):

> *A cracker is an individual who attempts to access computer systems without authorization. These individuals are often malicious, as opposed to hackers, and have many means at their disposal for breaking into a system.*[13]

In der Öffentlichkeit ist diese Trennung weitgehend unbekannt. Hier werden dann oft alle Hacker über einen Kamm geschert, wobei sich doch ihre Ziele stark unterscheiden, von ehrbar bis kriminell.

4. Variationen von Hacks

Neben den Unterscheidungen nach Zielen müssen nun auch die Hacks an sich unterschieden werden. Auf die Hacks im klassischen Sinne, die Manipulation von Maschinen, bin ich bereits eingegangen.

Bei Hacks mit dem Computer als Medium gibt es nun Differenzierungen. Da wären die Programmierer, die Programme hacken, um Lücken in Algorithmen zu finden. Häufig haben sie keine kommerziellen Absichten und verändern, bzw. erweitern Funktionen, z. B. Cheats bei Spielen. Andere hebeln Sicherheitsmechanismen, wie einen Kopierschutz, aus. Diese sogenannten Raubkopien werden dann mit häufig mit finanzieller Absicht weiterverbreitet.[14] Manch einer hält dagegen, dass Raubkopien den Bekanntheitsgrad von Software steigert und demzufolge auch den Absatz. Ob und in welcher Höhe der Industrie nun dadurch finanzielle Schäden entstehen ist ein ständiger Diskurs, den ich an dieser Stelle nicht weiter führen möchte. Letztendlich gibt es aber auch bandenmäßige Verbreitung illegaler Kopien. Hierbei kann man nicht mehr von einem Kavaliersdelikt sprechen. In dem Buch Hackertales beschreiben die Autoren Aktionen einer solchen Zelle und auch die Gefahren:

> *Dadurch dass das halbe Zoopteam und damit fast die gesamte Okira-Mannschaft festgenommen worden ist, sind wir eine der wenigen Gruppen, die überhaupt noch CDs in dieser Größenordnung verkaufen. Wie die Okira-Serie hat jedes Set von uns vier bis sieben CDs. Meist sammeln sich auf solchen Ausgaben nahezu zweihundert brandneue, illegal kopierte Programme. Darunter Anwenderprogramme, einfache Tools, Software-Updates und natürlich jede Menge Spiele. Der eigentliche Verkaufspreis aller Originalprogramme kam im letzten Monat bei Set acht auf ungefähr fünfundneunzigtausend Mark. Verständlich, dass unser Preis von etwa siebzig Mark pro Ausgabe für Zwischenhändler ziemlich interessant ist.*[15]

---

[13] Malkin, Internet Users' Glossary, RFC 1983, Network Working Group, 1996, S. 12.
[14] http://www.raubkopierer-sind-verbrecher.de,
siehe auch http://www.heise.de, Microsoft geht gerichtlich gegen britischen Einzelhändler vor,
http://www.focus.de, Software-Piraterie wächst weltweit.
[15] Moschitto/Sen, Hackertales, Tropenverlag, 2000, Stuttgart, S. 134.

Diese Zwischenhändler sind meist kleine Geschäfte, z. B. einfache Computerläden, die als Umschlagplatz für Mengen von Raubkopien genutzt werden. „Nach einer halben Stunde liegt etwa die Hälfte der insgesamt vierzigtausend illegal gepressten CDs vor uns. Alle auf einem Haufen und in unscheinbaren braunen Kartons verpackt".[16] Heute ist es sogar noch einfacher, da die logistischen Wege wegfallen und das Internet als Vertriebsmedium genutzt wird. Tauschbörsen und Foren dienen als Marktplatz für Film- und Softwarekopien. Kompensiert wird das Geschäft nun durch Beilagen rechtlich korrekter Zeitschriften, wie Computer-Bild, PC-Go oder anderer, die ihrerseits Tool CDs und Demo-Versionen mit ihren Ausgaben mitgeben. Dabei wird auch Software mitgegeben, die wissentlich für illegale Zwecke missbraucht werden kann, z. B. Scanner und Sniffertools.

Aber nicht allen „Softwarecrackern", also Personen, die versuchen den Kopierschutz von Medien zu umgehen, geht es um Gewinn. Manche Gruppierungen betreiben eine Art Volkssport mit der Disziplin, wer zuerst ein Programm „geknackt" und veröffentlicht hat. Durch Takes und Demos macht diese Gruppe dann auf sich aufmerksam. Solche Cracker verkaufen ihre Kopien nicht, sondern stellen sie anderen Nutzern, meist kostenlos, zur Verfügung. Ihnen geht es einzig um Prestige und Anerkennung. Sie bewegen sich in einer Grauzone. Denn die eigentlich Straffälligen sind diejenigen Nutzer, die diese „geklaute" Software illegal verbreiten. Über die Plattformen, wo solche Raubkopien angeboten werden, erfolgt der Download über einen Stream. Und durch den gleichzeitigen Upload Stream wird man selbst bei dem sogenannten „Saugen" ebenfalls ganz unfreiwillig zum Anbieter von illegalen Duplikaten. Dass sich aber auch die Betreiber solcher Plattformen mittlerweile nicht mehr nur in einer Grauzone bewegen, zeigt der aktuelle Fall von kino.to, wo der Programmierer einer Webseite, die Links zu illegal herunter ladbaren Filmen listete, zu einer mehrjährigen Haftstrafe verurteilt wurde.[17]

Neben den Softwarepiraten gibt es noch die Netzwerkhacker, die in andere Computersysteme eindringen, mit dem Ziel zu spionieren oder zu sabotieren. Abgesehen von den vielen Neugierigen, die sich einen Spaß daraus machen, das Unbekannte und Unerlaubt zu erforschen („Einmal waren wir in einer Datenbank mit wirklich topsecret Militärsachen und so, und in diesem Moment hat es wirklich, ja, so einen Adrenalinstoß gegeben, wir waren total fasziniert".[18]), gibt es auch andere Cracker, die sich zielgerichtet in Systeme einnisten um dann die Kontrolle zu übernehmen, Daten zu löschen, bzw. illegal zu kopieren oder Schadsoftware zu platzieren.

Der Zugang zu Systemen kann auf verschiedene Weise erlangt werden. Kevin Midnick war vor etwa 20 Jahren bekannt geworden, als er in großem Maße Social Engineering ausübte. Dabei versuchte er Zugangspasswörter, Daten und interne Arbeitsroutinen durch persönliche Befragung oder Telefonate heraus zu bekommen. Hier ist ein Beispiel aus seinem Buch „Die Kunst der Täuschung", wo er ein Telefonat mit einer Sekretärin wieder gibt:

M: „Hier spricht Eduardo von der Rechnungsstelle. Ich habe hier eine Dame auf der anderen Leitung, die ist Sekretärin einer der Vizepräsidenten, und sie will ein paar Informationen haben, aber mein Rechner streikt gerade. Ich habe eine Email von diesem Mädel aus der Personalabteilung bekommen, in

---

[16] Moschitto/Sen, Hackertales, Tropenverlag, 2000, Stuttgart, S. 146.
[17] http://www.handelsblatt.com/technologie-it-tk/it-internet/urheberrecht-haftstrafe-fuer-videoportal-programmierer/6497188.html aufgerufen am 12.04.2012.
[18] Eckert et al., Auf digitalen Pfaden, Westdt. Verl., 1991, Opladen, S. 165.

der steht „ILOVEYOU", und als ich den Anhang öffnen wollte, ist der Kasten komplett abgestürzt."

[…]

S: „Was kann ich für Sie tun?" [...]

M: „Können Sie ein Konto aus dem IzK aufrufen?"

S: „Sicher, wie lautet die Kontonummer?"

M: „Die habe ich nicht, bitte schauen Sie doch unter dem Namen nach."

S: „In Ordnung, wie lautet der?"

M: „Heather Marning."

S: „So, ich hab´s hier auf dem Bildschirm."

M: „Prima. Wird das Konto aktuell genutzt?"

S: „Ja. Genau."

M: „Wie lautet die Kontonummer?"

S: „Haben Sie was zum Schreiben?"

M: „Schießen Sie los."

S: „Kontonummer BAZ6573NR27Q."

M: „Und wie lautet die Adresse?"

S: [...]"[19]

Auch wenn Firmen heute vorsichtiger mit solchen Geheimnissen geworden sind, funktioniert das Social Engineering noch immer sehr gut. Ein Fall bei der Bundeswehr macht deutlich, dass sich längst nicht alle Ebenen eines Unternehmens dessen bewusst sind. So konnte ein unbekannter Anrufer über ein Telefonat bei einem Gefreiten in einem Geschäftszimmer datengeschützte personenbezogene Informationen über Soldaten im Einsatzland erhalten, weil der Wehrdienstleistende in puncto Datensicherheit längst nicht so sensibilisiert wurde wie seine Vorgesetzten.

Aber auch das Austesten von Passwörtern zu geschützten Systemen, wie z. B. E-Mail Konten führt oft zum Erfolg. Immer noch nutzen viele User bekannte Namen oder Ziffernfolgen (Geburtstage) als Authentifikation. Die beliebtesten Passwörter sind „Passwort" und „test123". Manchmal kommt man auch mit kleinen Algorithmen weiter, die bereits nach wenigen Minuten Passwörter bis zu 7 Zeichen Länge durch probieren herausfinden. Wirklich Ambitionierte nutzen eine sogenannte Rainbow Table, eine Tabelle in der Passwortsequenzen mit ihren jeweiligen Hashwerten gespeichert sind. Mit einem abgefangenen Hashwert lässt sich dann über eine Hash-Reduktions-Sequenz ein Abbild eines gesuchten Kennwortes erstellen.

Ein direkter Zugriff auf den Rechner des potentiellen Opfers ist aber nicht einmal mehr nötig. Manche Angreifer verschicken Trojaner in E-Mails verpackt. Öffnet ein unvorsichtiger User die infizierten Anhänge oder klickt auf einen Link, muss nicht immer ein unmittelbar schadhafter Virus dahinter stecken. Manchmal nistet sich dadurch nur ein Programm im Computer ein, das eine sogenannte Backdoor öffnet, welche dem Angreifer jederzeit die Tür zum System von innen öffnet. Dadurch kann der Computer dann ferngesteuert, bzw. unbemerkt ausspioniert werden.
In Hackerkreisen existieren mittlerweile Tools, um offene Netze zu finden oder Datenverkehr mit zu „sniffen".

---

[19] Mitnick, Die Kunst der Täuschung, Kap. 3, Die Geschichte von Janie Acton, mitp Verlag, 2006, o. O., S. 49.

Die Frage ist, ob jemand, der solche Tools nutzt, ohne sie zu verstehen, wirklich ein Hacker ist. Nicht jeder, der Monitorprogramme, Cryptographen oder Skanner verwendet, weiß was sich eigentlich dahinter verbirgt, und was die Programme wirklich bewirken. Die einfache Anwendung reicht nicht aus, um sich Hacker zu nennen. Wir haben anfangs definiert, dass ein Hacker jemand ist, der eine Maschine beherrscht. Dies setzt voraus, dass er auch weiß, wie sie wirklich funktioniert. Eine mittlerweile große Zahl von Nutzern wird von der Gesellschaft allerdings als Hacker verstanden, ohne diese Eigenschaft zu haben. Es gibt sogar Tutorials, die einen das Hacken lehren sollen. Gibt man bei Google ein: „Wie werde ich Hacker?" bekommt man eine Vielzahl von Einträgen, die einem das ein oder andere Hintertürchen verraten. Ob einen das tatsächlich zum Hacker im eigentlichen Sinn macht, ist fraglich.

Ich denke durch das Aufzeigen der Unterschiede von Motivation und Vorgehen von Hackern kann deutlich gemacht werden, dass wir nicht von der Hackerkultur, sondern von den Kulturen sprechen müssen, auch wenn man sie über das Hacken wieder zusammenführen kann.
Auch wenn sich viele Hacker in ihrem Verhalten und Zielen unterschieden, und eine Vielzahl sich auch nicht an einen Codex oder ethische Grundsätze hält, ist bei fast allen Hackern das „Hacken schöpferisch kritischer Umgang mit Technologie, d.h. halt eine gewisse Form von respektlosem Umgang mit Technik, halt ganz klar in den Vordergrund stellen, dass der Mensch die Maschine zu beherrschen hat und nicht umgekehrt".[20]
Wenn man versucht die Kulturen von Hackern aufzuzeigen, beginnt man schnell sich größtenteils den Crackern und Raubkopierern zu widmen. Es ist nun einmal das Bild, welches am deutlichsten an die Gesellschaft wiedergegeben wird. Tatsächlich sind ja weder die einen noch die anderen Hacker im eigentlichen Sinne.

5. Hackerszene und deren Umfeld

Jeder, der einen Computer, einen Telefonanschluss, ein Modem und einschlägige DFÜ-Kenntnisse besitzt, versucht irgendwann einmal, sich irgendwo einzuhacken.[21]

Wie können wir uns nun die Hackerkultur visuell vorstellen? Auch wenn sich der Hacker als solcher in Vorhaben und Vorgehen unterscheidet, haben sie doch alle eines gemeinsam. Sie können etwas, das viele andere nicht können. Von Außenstehenden werden sie häufig als Außenseiter, als Nerds angesehen.
Dieses Bild konnte oftmals korrigiert werden. Z. B. passen Kevin Mitnick, Karl Koch oder auch Tsutomu Shimomura sicher nicht in das Klischee der bebrillten, verpickelten, in dunklen Zimmern hockenden, freundlosen Freaks. Viele Hacker sind sehr weltoffen. Die Klischees passten in den 80ern generell zu computerversierten Menschen, schlossen aber keineswegs nur Hacker ein. Heute ist der Computer schon selbstverständlich in der Gesellschaft. Er ist keinem mehr fremd und unheimlich, wie vor 30 Jahren noch. Und die Hacker sind auch heute nicht von den normalen Usern zu unterscheiden, und das schließt so ziemlich jeden Typ Mensch mit ein, ob Büroangestellten, Studenten oder Hobbybastler.

---

[20] Eckert et al., Auf digitalen Pfaden, Westdt. Verl., 1991, Opladen, S. 171.
[21] ebenda, S. 159.

Wo Hacker dann aber auffallen, ist in Gruppierungen. So lädt z. B. der CCC regelmäßig zum Chaos Communication Congress. Hier wird dann über neue Entwicklungen, Tipps und Tricks oder anstehende Aktionen gefachsimpelt.

Diese Art von Treffen ist nicht neu. Bereits in den Anfängen gab es Treffen. Evrim Sen und Denis Moschitto beschreiben in ihrem Buch Hackertales eine Computer Party:

> *Es gab einiges zu sehen: Kühlschränke, Elektroherde, Mikrowellen und Fernseher, auf denen meist dänische Pornos liefen. Die Besucher der Party hatten an alles gedacht, um in dieser Wildnis zu überleben. An jeder Ecke standen irrwitzige Gestalten, die sich über seltsames, meist belangloses Zeug unterhielten.[22]*

In dem Film „23 – Nichts ist wie es scheint" berichtet die Hauptfigur Karl Koch von einer Tagung des Chaos Computer Clubs:

> *Hier trafen sich Computerfreaks aus ganz Deutschland. Die Typen sahen ganz harmlos aus, aber einige von ihnen waren erstaunlich einfallsreich. Ein bisschen, als ob man zu Weihnachten einen Chemiebaukasten bekommt und dann anfängt, Bomben zu bauen. Skarabäus hatte die Anzeigentafeln am Frankfurter Flughafen unter seine Kontrolle gebracht. Conan das Stromnetz in Luxemburg. Kugelfisch hatte eine illegale Mailbox im Kernforschungszentrum in Genf aufgezogen.[23]*

Da ich aber im vorherigen Kapitel bereits gezeigt habe, dass das Betätigungsfeld sehr weitläufig ist, gibt es auch zahlreiche Hacker, die sich von solchen Treffen fernhalten. Für manche ist es nur ein Hobby, für andere nur die Arbeit. Entsprechend unterschiedlich ist dann auch das soziale Engagement.

Natürlich musste man sich erst einmal finden. Eine Anzeige „Hacker sucht Gleichgesinnte zum gemeinsamen ausspähen." wäre etwas gewagt. Etwas interessanter gestalteten es 1981 Wau Holland, Klaus Schleisiek (aka Tom Twiddlebit) und andere, als Sie mit ihrem tuwat.txt in der TAZ den Beginn des Chaos Computer Club einleuteten. Es ging darum, dass "wir als Komputerfrieks nicht länger unkoordiniert vor uns hinwuseln".[24]

Doch wie findet man Mitstreiter bei illegalen Cracks? Viele Nutzer fingen schon im frühen Alter an, „hobbymäßig Software zu cracken, also den Kopierschutz zu entfernen. Nachdem sie dann ein Programm gecrackt hatten, gaben sie das Softwareprodukt an Raubkopierer weiter. […] Die ersten Crackergruppen versahen das Softwareprodukt mit ihrem eigenen Gruppennahmen und sorgten für flächendeckende Verbreitung".[25]

In Mailboxsystemen tauschte man sich dann schließlich aus. Es war ein Geben und Nehmen. Und es herrschte ein strenges Reglement. Wer nichts zu bieten hatte, wurde einfach ausgeschlossen. Diese Regeln waren aus Selbstschutz notwendig, da die Staatsanwaltschaft den Crackergruppen auf den Fersen war und gewiefte Anwaltskanzleien sogenannte „Buster" in Hackerkreise einschleusten, um Mailbox für Mailbox hochzunehmen.

---

[22] Moschitto/Sen, Hackertales, Tropenverlag, 2000, Stuttgart, S. 54.
[23] Zitat des Protagonisten in dem Film "23 - Nichts ist wie es scheint".
[24] https://berlin.ccc.de/wiki/Datei:tuwat.txt.jpg.
[25] Moschitto/Sen, Hackerland, Tropenverlag, 2001, Stuttgart, S. 16.

Ein Vorteil an solchen Gruppierungen war aber neben dem Softwarevertrieb auch, dass man sich kannte und unterstützte. Die Arbeit verschiedener Hackertypen geht meist Hand in Hand. Raubkopierer brauchen Cracker, die Ihnen Sicherheitsbarrieren öffnen. Supplier kommerzialisieren diese Kopien dann. Publiziert wird auch über weltweite Mailboxsysteme. Um die Kosten dafür gering zu halten wurden wiederrum Phreaker involviert.

Es gab also längst nicht mehr den Hacker, sondern viele verschiedene Arten von Hackern, die sich ergänzten.

6. Vereine und Publikationen

Ich möchte in diesem Kapitel einige Hackervereinigungen vorstellen.

Eine der ersten Gruppierung war der 1946 von Studenten gegründete Tech Model Railroad Club (TMRC). Zahlreiche technische Erweiterungen bis hin zur Automatisierung entstanden hier unabhängig von der Modellierung.

Anfang der 70er, als die Phreaker ihren Höhepunkt hatten, gründete YIPPIE Abbie Hoffmann „The Youth International Partyline" (YIPL). Mit der TAP hatte diese Gruppierung dann ihre erste eigene Zeitung. Darin fanden Mitglieder Hilfe und Tricks zum Phreaking, Hacken, DFÜ, Mailboxen und Aufbauen von Telefonanlagen.

Dem Vorwurf, sie würden mit ihrem Magazin Hacker anlernen konterten die Verantwortlichen:

> *Oh, wir sind da immer streng auf der Seite des Gesetzes. Wir sind eine ganz kleine seriöse amerikanische Firma. Wir schreiben nur, was diese Kids nicht tun sollen und zwar ganz detailliert. Ihr sollt nicht einen 2,4 Kilo Ohm Widerstand parallel schalten mit einem 0,3 Mikrofrad Kondensator und es in dieser Form an die Telefonleitung anschließen".[26]*

Weitere Magazine dieser Zeit waren das Phrack-Magazin oder das 2600-Magazin.

1981 gründete Wau Holland in Berlin den Chaos Computer Club, der heute fast 3000 Mitglieder zählt. Der Club setzt sich für grenzübergreifende Informationsfreiheit und der Auswirkung der Technologie auf die Gesellschaft auseinander. Jährlich zum Jahresende findet der Chaos Communication Congress, ein mehrtägiges Treffen der internationalen Hackerszene statt. Der CCC publiziert eine eigene Zeitschrift, „Die Datenschleuder. Das wissenschaftliche Fachblatt für Datenreisende", und bringt auf Radio Fritz die Sendung „Chaosrdio". In der Datenschleuder geht es nicht hauptsächlich um Technik und Hacker Know-How, sondern vordergründig um politisch und ethische Themen, wie Datenschutz, Informationsfreiheit oder Videoüberwachung. 2008 lag der Zeitschrift ein digitaler Fingerabdruck des Innenministers Wolfgang Schäuble, als Protest gegen die Verwertung biometrischer Daten bei.

Eine Hackergruppe die es nicht mehr gibt, ist die 1984 gegründete Legion of Doom (LOD/H). Das „LOD Technical Journal" veröffentlichte Hacking und Phreaking Tipps und Erfahrungsberichte, sowie die Anleitung zum Bau einer Blue Box. Kurze Zeit nach der Gründung spaltete sich eine Splittergruppe die Masters of Deception ab und es begann ein

---

[26] Cheshire (Hrsg. TAP), „Zack, bin ich drin in dem System", Spiegel Interview mit Petermann et al., Spiegel 46/1983.

regelrechter Krieg, „Great Hacker War", zwischen beiden Parteien. Das FBI nahm Anfang der 90er Jahre viele Mitglieder der LoD fest, die Meisten wurden aber wieder freigesprochen. Dennoch war die staatliche Verfolgung straffälliger Phreaker letztendlich das Ende der Legion of Doom.

Weitere nennenswerte Zeitschriften waren „Die Bayrische Hackerpost" (1984 – 88) und „Hack-Tic" (1989 – 94).

1995 tauchte erstmals der Begriff Hacktivist, als politisch motivierter Hacker auf. Später wurde dieses Synonym häufig von konkurrierenden Gruppierungen und Scriptkiddies missbraucht.

7. Public Hacks

Ich möchte nun noch einige Hacks vorstellen, die für weltweite Aufmerksamkeit gesorgt haben.

Der Chaos Computer Club wurde 1984 unter anderem für seinen BTX Hack (BTX = Bildschirmtext, Bildschirmonlinedienst) bekannt. Das von der Bundespost als sicher bezeichnete BTX System konnte durch Datenüberlauf manipuliert werden, und gab Teile des Speicherinhalts auf einer neuen Seite wieder, unter Anderem Passwörter im Klartext. Ein Mitglied des CCC loggte sich als Mitglied der Hamburger Sparkasse ins System ein und rief wiederholt die kostenpflichtige Seite des CCC auf, was nach einer Nacht 135.000 DM einbrachte. Das Geld wurde am nächsten Tag medienwirksam zurück gezahlt.

Als NASA-Hack bekannt wurde 1987 das Aufdecken einer Sicherheitslücke im Betriebssystem VMS. Durch diese konnten Hacker Zugriff auf Systeme im Space Physics Analysis Network (SPANet) erlangen. Darunter fielen Rechner der NASA, der ESA und der CERN. Den Hack unternahmen zunächst unabhängige Hacker aus Norddeutschland, die sich dann an den CCC wandten, der mit diesen Erkenntnissen das Bundesamt für Verfassungsschutz kontaktierte, um auf den Fehler hinzuweisen. Als Folge darauf und auf internationalen Druck gab es Hausdurchsuchungen bei mehreren Hackern.

Die Hacker Karl Koch und Markus Hess wurden 1989 für den KGB-Hack bekannt. Dabei wurden wahllos westdeutsche Rechner gehackt und Daten gesammelt, die dann an die sowjetische Botschaft in Ost-Berlin verkauft wurden. Der Kinofilm „23 - Nichts ist wie es scheint" erzählt diese Geschichte.

Eine Gruppe niederländischer Hacker führte 2006 mit dem CCC den Nedap Hack durch, in dessen Zuge gezeigt wurde, wie leicht sich die Wahlcomputer der Firma Nedap manipulieren lassen. Die Hacker installierten ein Schachprogramm auf dem Computer und zeigten somit, dass die sogenannte „Dedicated Special Purpose Machine"[27] nicht nur einzig dem Zweck der Wahl diente. Nachdem eine Untersuchung vom Einsatz der Nedap-Wahlcomputer abgeraten hat, erklärte das Bundesverfassungsgericht deren Verwendung bei der Bundestagswahl 2005 für verfassungswidrig.

---

[27] http://www.heise.de/newsticker/meldung/Niederlaendische-Buergerinitiative-knackt-Nedap-Wahlcomputer-168461.html.

8. Zusammenfassung

Mit dieser Hausarbeit hoffe ich zeigen können, dass das Bild des Hackers in der Gesellschaft sehr differenziert, und auch die eigene Betrachtung von Computerspezialisten ist nicht immer angemessen. Nicht jeder, der sich Hacker nennt, ist auch ein solcher im eigentlichen Sinne. Hacker hacken aus ethisch vertretbaren Gründen, zum Entdecken neuer Grenzen, spielerisch sportlichem Überwinden von Hürden oder Aufklärung und politischer Richtungsweisung. Abzugrenzen sind hier Cracker, Raubkopierer oder Datendiebe. Das persönliche Bereichern oder Schädigen anderer Computernutzer ist nicht das Ziel klassischer Hacker.

Das was allgemein als Hackerszene bezeichnet wird, würde ich eher als Computerszene bezeichnen. Auf LAN-Partys findet man überwiegend Scriptkiddies und nicht nur Spezialisten, die ihre Systeme bis ins Detail kennen.
Optisch kann man Hacker auch nicht festmachen. Die Breite von Hackern geht von Studenten über Freaks bis zu Spezialisten in IT-Unternehmen. Vor allem letztere sind heutzutage die Relikte der früheren Hackerszene.

Insofern ist unter Hackerkultur zu verstehen, dass der kreative Gedanke erhalten bleibt. In der öffentlichen Meinung wird das Hacken aber eher negativ gesehen, da jeder Cracker auch als Hacker verstanden wird. Durch das zunehmende Interesse der Menschen am Medium Computer ist der Mythos Hacker aber generell aufgeweicht.

Literaturverzeichnis:

Bücher:

Roland Eckert, Waldemar Vogelsang, Thomas A. Wetzstein und Rainer Winter, Auf digitalen Pfaden, Westdeutscher Verlag, 1991, Opladen

Denis Moschitto, Evrim Sen, Hackertales - Geschichten von Freund und Feind, Tropen Verlag, 2000, Stuttgart,

Denis Moschitto, Evrim Sen, Hackerland - Das Logbuch der Szene, Tropen Verlag, 2001, Stuttgart

Anna Zafiris, Hackerkultur, Überblick über die Hackerszene, Grin Verlag, 2010, München

Kevin Mitnick & William Simon, Die Kunst der Täuschung, mitp Verlag, 2006, o. O.

G. Malkin, Internet Users' Glossary, RFC 1983, Network Working Group, 1996, o. O.

Siehe auch:

URLs:
   http://artofhacking.com
   http://www.offiziere.ch/trust-us/ds/
   http://ds.ccc.de/download.html
   http://www.2600.com/
   http://www.phrack.org/
   http://www.bayrischehackerpost.de/
   http://www.hacktic.nl/
   http://de.hakin9.org
   http://www.heise.de
   http://www.spiegel.de
   http://www.handelsblatt.de
   http://www.focus.de

Filme:
   „Takedown" von Joe Chapelle, 2004
   „Hacker", Dokumentation von Alex Biedermann, 2011
   „23 – Nichts ist wie es scheint" von Hans-Christian Schmid, 2001